아시아와 아프리카에서 식민지를 넓혀 가던 유럽 나라들은
결국 자기들끼리 큰 전쟁을 벌이게 돼.
제1차 세계 대전이 벌어진 거야.
하지만 전쟁은 그걸로 끝나지 않았지.
얼마 지나지 않아 제2차 세계 대전이 벌어지고 말았거든.

나의 첫 세계사 17

세계를 휩쓴 전쟁
세계 대전

박혜정 글 | 박재현 그림

"전쟁이다, 전쟁이 시작됐다!"

드드드드득, 군인들이 기관총을 이리저리 쏘아 대고
드르릉 쾅쾅쾅, 탱크가 땅 위를 짓밟았지.
지금으로부터 100년 전쯤 유럽에서 큰 전쟁이 벌어졌어.
유럽 나라들이 시작한 전쟁이지만, 그들과 얽혀 있는 다른 나라들까지
쏙쏙 끼어들면서 이 전쟁은 세계 대전으로 커지게 돼.

30년 사이에 세계를 뒤흔드는 전쟁이 두 번이나 벌어졌어.
제1차 세계 대전과 **제2차 세계 대전**이 일어났던 거야.
어쩌다 이런 일이 생겼던 걸까?

세계 대전을 알기 위해서 먼저 만나 볼 사람이 있어.
독일의 황제였던 **빌헬름 2세**야. 빌헬름 2세에게는 못마땅한 일이 하나 있었어.
독일과 가까운 영국과 프랑스는 그 무렵, 아주 많은 식민지를 가지고 있었거든.
그런데 독일만 식민지가 별로 없었던 거야!

"독일도 식민지를 늘려야 해. 그러려면 힘을 키워야지."

빌헬름 2세가 다스리던 때에 독일의 산업은 더 발달하고 군대도 강해졌어.

얼마 지나지 않아 정말로 독일의 해군이 너른 바다를 누비기 시작했어.
아프리카를 기웃, 모로코를 두고 프랑스와 경쟁을 벌였지.
서아시아도 기웃, 오스만 제국에서는 철도를 만들었어.
동아시아도 기웃기웃! 중국에서는 칭다오를 점령했지.

그런 독일을 불안하게 바라보는 나라들이 있었어.
영국, 프랑스, 러시아 같은 나라들은 힘을 키운 독일이
자기들보다 앞서갈까 봐 조금씩 걱정이 되었지.

영국, 프랑스, 러시아는 독일에 맞서기 위해 같은 편이 되기로 했어.
독일은 독일대로 자기편이 될 만한 나라를 찾았지.
독일 아래쪽에 있는 오스트리아나 이탈리아가 그런 나라였어.
독일처럼 식민지를 별로 갖지 못한 나라들이 독일과 손을 잡았던 거야.
편을 갈라서 신경전을 벌이던 나라들 사이에 긴장감이 감돌았지.

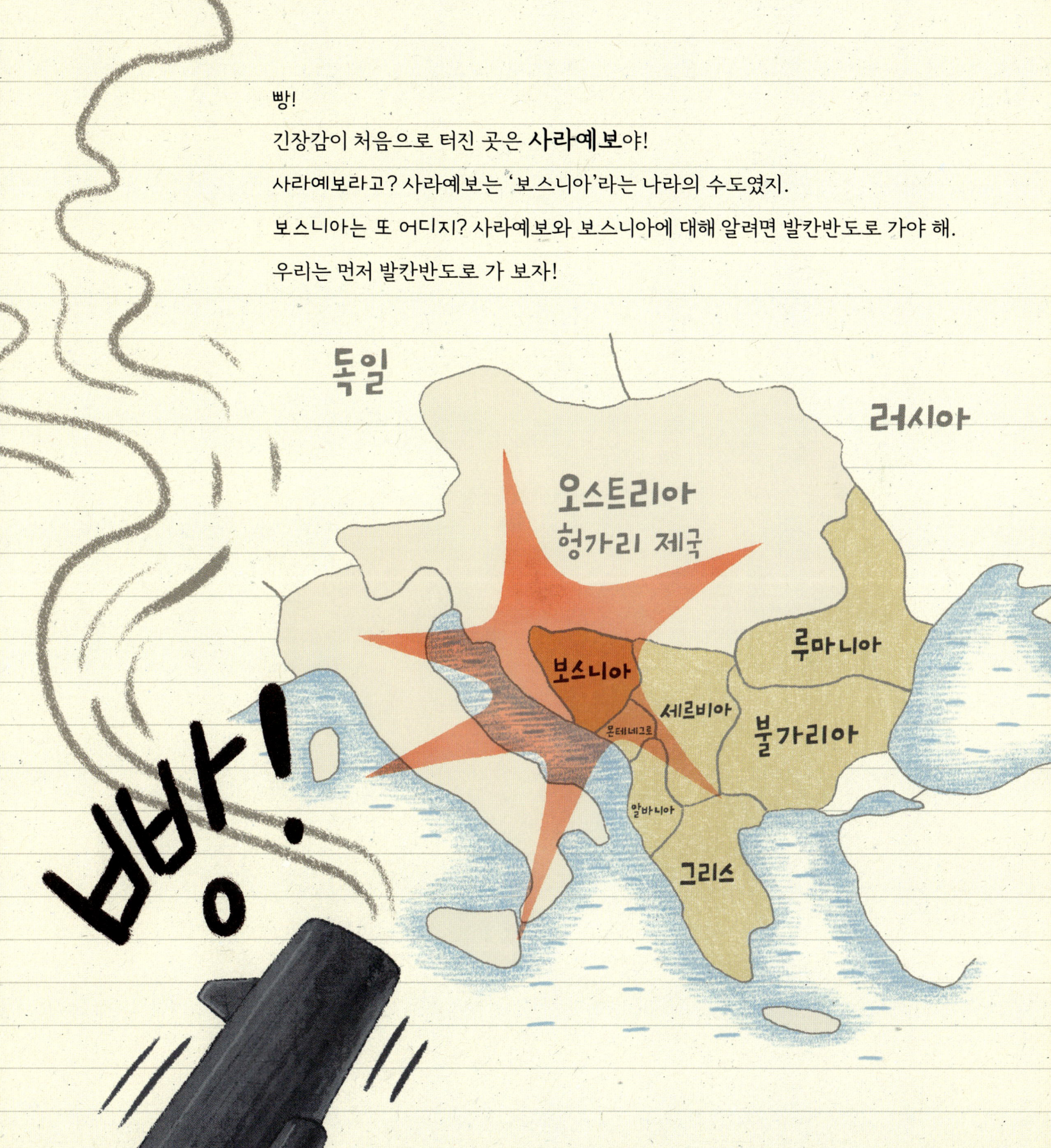

발칸반도는 지중해를 향해 볼록 튀어나온 반도 중 하나야.

아주아주 먼 옛날, 그리스와 로마의 문화가 꽃피었던 곳이기도 하지.

긴 시간 동안 비잔티움 제국의 지배를 받다가,

그 뒤에는 오스만 제국의 지배를 받았어.

500년 가까이 이곳을 다스리던 오스만 제국이 조금씩 약해지면서

'우리만의 새로운 나라를 만들어 볼까?' 하는 사람들이 생겨나고 있었지.

그렇게 발칸반도에서 세르비아, 보스니아 같은 나라들이 새롭게 세워졌어.

하지만 이 나라들을 호시탐탐 노리는 힘센 나라도 있었지.

알에서 막 깨어난 새끼 거북을 사냥하려는 독수리처럼

발칸반도와 맞닿아 있는 러시아와 오스트리아가 다가왔던 거야.

먼저 오스트리아가 덥석 보스니아를 점령해 버렸어!
그러고는 오스트리아의 황태자 부부가 보스니아를 방문했지.
오스트리아의 간섭이 못마땅했던 발칸반도 사람들은
이 기회에 본때를 보여 주고 싶었어.

보스니아의 수도를 기억하니? 맞아, 사라예보야!
사라예보에서 두 번의 총소리가 울려 퍼졌고,
그 총에 맞아서 오스트리아의 황태자 부부가 죽고 말았어.
이렇게 벌어진 '사라예보 사건'을 시작으로,
앞으로 세계에는 엄청난 일들이 펼쳐지게 돼.

황태자 부부에게 총을 쏜 사람은 세르비아의 청년이었어.

"감히 오스트리아의 황태자 부부를 죽이다니!"

오스트리아는 세르비아에 전쟁을 선언했지.
전쟁을 시작하겠다고 알리는 일을 '선전 포고'라고 해.
선전 포고는 여기서 끝나지 않았어.

"전쟁이다! 전쟁이 벌어졌다!"

전쟁이 시작되자 유럽의 젊은이들은 서둘러 전쟁터로 갔어.
성능 좋은 기관총과 탄알이 공장에서 끊임없이 만들어졌고,
힘센 기관차가 병사들을 실어 날랐지.
기관총을 하나씩 집어 든 병사들은 자신감에 넘쳤어.

하지만 막상 시작된 전쟁은 모두의 생각과는 달랐어.
우리 편에도 기관총이 있었지만, 상대편에도 기관총이 있었던 거야.
'앞으로 돌격!' 하며 나아가려 해도 그럴 수가 없었어.
돌격해 봤자 상대편이 쏜 기관총에 맞고 죽어 나갈 뿐이었지.
병사들이 죽으면 기관차가 새로운 병사들을 실어 날랐어.
앞으로 나갈 수도, 뒤로 물러설 수도 없는 상황이 되어 버렸지.

이러지도 저러지도 못하던 병사들은 땅을 파고 그 아래로 숨어들었어.
독일과 프랑스, 독일과 러시아 사이의 국경선을 따라
길고 긴 도랑이 만들어졌지. 이런 흙구덩이를 '참호'라고 불러.
병사들은 이제 참호에서 길고 긴 시간을 버텨야 했어.

늘 축축한 참호에서는 쿰쿰한 냄새가 났어.
벼룩이나 이 같은 해충, 그리고 쥐가 득시글거렸지.
언제 또 적군의 탄알이 날아들지 모르니까 늘 긴장해야 했어.
고개를 빼꼼 내밀었다가는 상대편이 쏜 총에 맞게 될지도 몰랐지.

사람들은 참호를 무너뜨리기 위해 또 다른 무기를 만들어 냈어.
참호 속으로 들어간 병사들이 숨을 쉬지 못하게 막는 독가스나
참호를 짓밟고 앞으로 나아가는 탱크 같은 새로운 무기가 생겨났지.
전쟁은 영원히 끝나지 않을 것만 같았어.

전쟁이 시작된 지 3년이 더 지났어.

전쟁에 휘말린 여러 나라들 중에서 가장 먼저 난리가 난 곳은 러시아야.

러시아는 세상에서 제일 넓은 땅을 가진 나라였어.

하지만 해군을 키울 수 있는 바다가 충분하지는 않았지.

바다를 찾아 이곳저곳을 기웃거리며 때로는 전쟁도 벌였지만,

별로 얻는 게 없었어. 그러다가 세계 대전에도 끼어들었던 건데,

더 이상 버틸 힘이 없었던 거야.

"전쟁을 중단하라, 평화를 달라!"
아이들이 굶고 있다, 식량을 달라!"

러시아 사람들이 거리를 까맣게 뒤덮고 시위를 벌이기 시작했어.
시위대를 흩어 놓으라고 보낸 황제의 군대가 오히려 시위대의 편에 섰지.
결국 황제는 쫓겨나고 말았어. 새로운 러시아를 만들고 싶었던 사람들에게는
좋은 기회가 생겼던 거야. 그렇게 러시아에서 혁명이 시작되고 있었어.

● **혁명** 이전의 방식에서 벗어나 새로운 것으로 고쳐 변화시키는 일.

강대국

식민지 식민지 식민지 식민지

약소국

러시아 혁명

러시아 혁명의 중심에 선 사람은 **레닌**이야.
레닌은 지금 이 세상에 큰 문제가 있다고 생각하던 사람이었어.

"세계 대전이 시작된 건 식민지를 늘리려는 나라들의 욕심 때문이다.
강한 나라들은 전쟁이나 벌이고, 약한 나라들은 식민지가 되는 꼴을 보라!"

레닌은 러시아가 세상을 바꾸는 나라가 되기를 바랐어.
그러려면 러시아부터 새로운 나라로 거듭나야 했지.

식민지

"노동자와 농민처럼, 일하는 사람이 주인이 되는 나라를 만듭시다.
땅을 농민들에게 공평하게 나누어 주고, 모든 차별을 없애도록 합시다."

평등을 중요하게 여기는 이런 생각을 '사회주의'라고 하는데,
레닌은 러시아에 사회주의 국가를 만들고 싶었던 거야.
마침내 러시아를 중심으로 그 주변 나라까지 함께 모여
최초의 사회주의 국가인 **소련**(소비에트 사회주의 공화국 연방)을 탄생시켰어.
소련은 세계 곳곳의 식민지 나라들이 독립할 수 있도록 도왔고,
당연히 세계 대전에서도 빠지기로 했지!

전쟁 탈퇴

러시아에서 혁명이 벌어지고 있을 때에도 전쟁은 계속되었어.
러시아처럼 전쟁에서 빠지는 나라도 있었지만,
미국같이 새롭게 전쟁에 참여하는 나라도 있었지.
그 무렵 미국은 유럽에 무기나 식량을 팔면서 꽤 많은 돈을 벌고 있었어.
그러다가 미국 사람들을 태운 배가 독일 잠수함의 공격을 받는 일이 벌어졌지.

잠수함이라고? 전쟁을 어떻게든 끝내고 싶었던 독일은
영국이나 프랑스로 향하는 모든 배를 공격하기 시작했거든.
깊은 바닷속을 누비는 잠수함으로 말이야.

미국

독일 잠수함의 공격으로 배가 침몰하고, 그 배에 타고 있던 많은 미국인이
죽는 일까지 벌어지자 결국 미국도 세계 대전에 끼어들기로 했어.
당연히 독일의 반대편에 섰지. 미국은 전쟁 상황을 순식간에 바꾸었어.
오랜 전쟁으로 다들 지쳐 있었지만, 이제 막 전쟁에 참여한 미국은 쌩쌩했거든.
군대와 무기도 막강했지. 독일이 점점 밀리기 시작했고,
독일 편 나라들이 하나둘 항복하게 되었어.

동맹국 항복~~
불가리아
오스트리아
오스만 제국

끝까지 버티던 독일도 결국 무너졌어.
독일 해군들이 더는 못 싸우겠다며 들고일어났거든.
독일의 식민지를 넓히고 싶었던 독일 황제를 기억하니?
맞아, 빌헬름 2세! 빌헬름 2세는 쫓겨났고, 새로운 정부가 만들어졌어.
독일이 항복을 선언하면서 제1차 세계 대전이 끝나게 되었지.

4년간 벌어진 전쟁으로 유럽의 많은 지역이 파괴되었어.
천만 명이 넘는 사람들이 죽었고, 또 그만큼의 사람들이 가족을 잃었지.
온 세상에 슬픔이 가득 찼어. 전쟁으로 입은 피해와 상처를 돌아보고,
대책을 세워야 했지. 사람들의 관심이 프랑스의 베르사유 궁전으로 쏠렸어.
이 문제를 해결하기 위해 여러 나라 대표들이 그곳에서 모이기로 했거든.

독일은 베르사유 조약에 따라 다른 나라가 입은 피해를 돈으로 갚아야 했어.
식민지를 모두 잃어버렸고, 주변 나라들에 땅도 빼앗겼지.
독일의 힘이 세지는 걸 막고 싶었던 다른 나라들의 속은 후련했을지 몰라도
독일 사람들은 억울한 마음이 들기도 했어.

오랜 전쟁을 끝낸 유럽 나라들의 힘은 약해졌어.
유럽을 도와주며 더욱더 강대국이 된 나라가 있는데,
바로 미국이야. 미국은 유럽 나라들에게 돈을 빌려주고,
유럽 사람들에게 필요한 물건을 내다 팔았지.
미국의 공장은 쉴 새 없이 움직이며 많은 물건을 만들었어.
자동차를 뚝딱, 세탁기와 냉장고를 뚝딱뚝딱 만들어 냈지.

더 많은 일자리가 생겨났고, 넉넉해진 사람들은 더 많은 돈을 썼어.
지금도 유명한 미국의 프로 야구, 할리우드 영화 같은 재미난 볼거리가
이때 생겨나면서 많은 인기를 끌었어. 미국은 정말이지 풍요로워 보였어.

하지만 이런 시간은 길지 않았어. 10년이 채 되지 않았지.

공장에서는 물건이 끊임없이 만들어졌지만, 모든 물건이 팔려 나간 건 아니었거든.

물건이 점차 남아돌게 되면서 하나둘 문을 닫게 된 공장들이 생겨났지.

사람들은 점점 일자리를 잃었고 돈을 벌 수 없었어.

사람들이 돈을 쓰지 못하니 물건이 또 안 팔렸고, 공장은 계속 문을 닫아야 했지.

미국의 경제는 엉망진창이 되어 버렸어. **대공황**이 시작된 거야.

미국의 도움을 받던 유럽 나라들의 경제 상황도 엉망이 되었어.
특히 빚도 많고 불만도 많던 독일의 상황은 더 나빠졌지.
물건 값은 치솟고 빵이나 석탄도 구하기 어려웠어.
독일 사람들은 희망을 잃어 가고 있었지.
그때 독일 사람들 앞에 **히틀러**라는 사람이 나타나 이렇게 외쳤어.

"나라가 엉망이 된 것은 모두 베르사유 조약 때문입니다.
독일을 못살게 구는 이런 조약 따위는 쓰레기통에 내던져 버립시다."
"고속도로를 짓고 공장을 세워서 일자리를 만듭시다.
필요하다면 전쟁도 하고 식민지도 늘리겠습니다."

나치 독일

이탈리아

일본

전쟁

히틀러는 무엇보다 독일인들이 힘을 합치는 것이 중요하다면서
자기들의 앞길을 가로막는 것들을 하나씩 없애자고 사람들을 설득했지.
독일 사람들은 점점 히틀러를 따르기 시작했고,
독일과 손잡는 나라들도 하나둘 생겨났어.
이탈리아와 일본이 그런 나라들이야.
이곳에도 독일처럼 나라의 발전이 무엇보다 중요하다는 생각이 퍼졌거든.

이탈리아는 발칸반도를 침략하고 아프리카를 공격하면서
세계 대전이 더 커지는 데에 한몫했지.
아시아에서는 일본이 중국과 전쟁을 시작하더니,
영국과 프랑스가 지배하던 식민지 나라들도 침략했어.
나중에는 미국의 하와이섬까지 기습적으로 공격했지.
결국 미국도 전쟁에 참여하게 되었고, 전쟁은 태평양까지 퍼져 나갔어.

다시 유럽으로 가 볼까?

독일은 순식간에 유럽 대부분을 차지했어. 이번에는 프랑스까지 금세 점령했지.

독일은 바다 건너 영국에도 어마어마한 전투기를 보냈어.

하지만 영국의 해군과 공군은 거세게 저항했지.

마음먹은 대로 영국을 정복하지 못한 독일이 주춤하는가 했지만,

잠시 숨을 고른 뒤에 이번에는 소련으로 쳐들어갔어.

기억나지? 러시아 혁명 후에 만들어진 나라, 소련!

전쟁을 계속하려면 소련의 식량과 석유가 필요했기 때문이었지.

처음에는 독일이 승리를 거듭했지만, 몹시 추운 소련의 겨울은 견디기 힘들었어.

소련군의 반격도 만만치 않았지. 전쟁은 그렇게 계속되었어.

무기들은 더 무시무시해졌어.

전투기가 하늘을 날아다니며 포탄을 쏘아 대자,

도시는 쉽게 무너졌고 군인이 아닌 사람들도 언제든 공격받았지.

영국의 수도 런던이나 독일의 수도 베를린도 심하게 파괴되었어.

탱크와 기관총의 성능은 갈수록 좋아졌고,

도시 한 개쯤은 순식간에 날려 버릴 수 있는 핵폭탄까지 만들어졌지.

거센 공격과 무기의 위협 속에서 가장 먼저 항복한 나라는 이탈리아야.
뒤이어 독일이 항복했어. 독일의 동쪽에서는 소련군이 밀어붙였고,
서쪽에서는 연합군이 압박해 오고 있었거든.
연합군은 미국, 영국, 프랑스 같은 나라들이 힘을 모은 군대야.
히틀러가 죽고 독일이 항복하면서 유럽에서의 전쟁은 끝이 났지.

그런데도 일본은 끝까지 버텼어.
미국은 일본의 도시 두 곳에 핵폭탄을 떨어뜨리기로 했지.
히로시마와 나가사키라는 곳이야. 수십만 명의 사람이 죽거나 다치고 나서야
일본이 항복했고 제2차 세계 대전은 이렇게 끝나게 되었어.

팻맨

나가사키

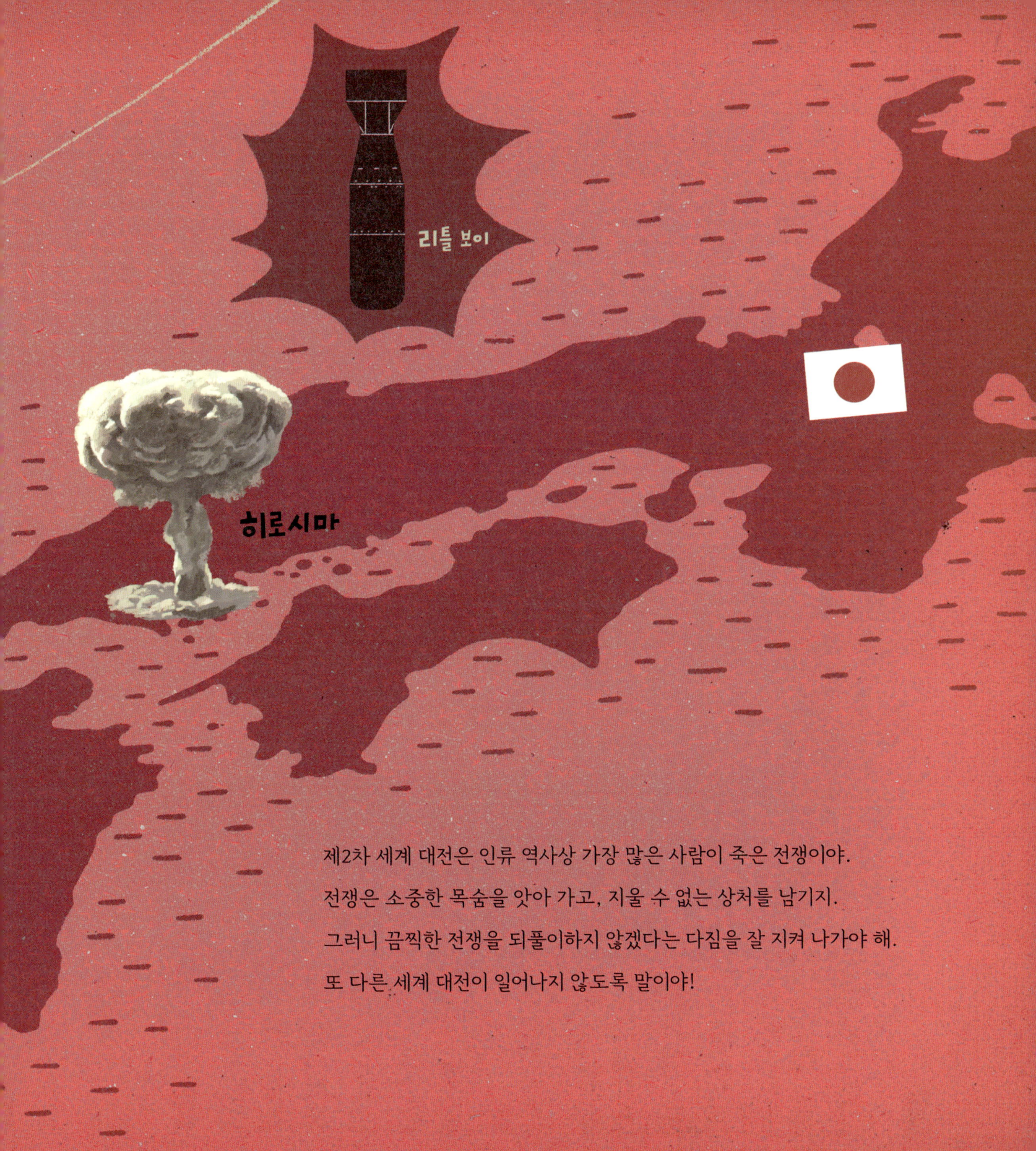

나의 첫 역사 여행

나치에 학살당한 유대인의 흔적

아우슈비츠 수용소

제2차 세계 대전이 일어날 무렵, 히틀러가 이끄는 정당인 나치가 독일을 다스리고 있었어. 나치는 독일의 어려운 상황을 다른 사람들의 탓으로 돌렸고, 특히 유대인들을 못살게 굴었지. 유대교를 믿는 민족인 유대인은 아주 먼 옛날, 자기들이 살던 곳을 떠나서 유럽 곳곳에 정착하며 살고 있었어. 종교도 다른 데다가 생활 습관이나 돈을 버는 방식이 달라서 유럽 사람들이 유대인들을 못마땅하게 여길 때도 있었지만, 나치처럼 유럽에 있는 유대인들을 모두 없애 버리겠다고 생각한 사람들은 없었지. 나치는 유대인들을 잡아 가두어 두는 강제 수용소를 유럽 곳곳에 세웠어. 나치가 세운 강제 수용소 중에 가장 규모가 컸던 곳은 폴란드 오시비엥침에 있는 아우슈비츠 수용소야. 몇백만 명이나 되는 사람들이 이곳에서 생명을 잃었지.

아우슈비츠 수용소의 입구 | 유대인들이 갇혀 있던 수용소 내부 공간

암스테르담에 있는 안네 프랑크의 집

안네 프랑크의 집 내부

안네 프랑크의 집

제2차 세계 대전이 시작된 지 얼마 지나지 않아 나치 독일은 유럽의 많은 지역을 점령하게 되었어. 나치는 점령한 지역에 있는 유대인들을 샅샅이 찾아내 강제 수용소로 보냈지. 네덜란드가 나치에 점령당하자, 유대인이었던 안네 프랑크의 식구들은 암스테르담에 있는 공장 사무실의 창고를 피신처로 삼아 숨어 지내기로 했어. 이곳에서 2년간 숨어 살았지만 결국 나치에 들키고 말았지. 강제 수용소로 보내진 안네의 식구들은 곧 죽음을 맞았어. 숨어 지내던 안네가 쓴 일기가 《안네의 일기》라는 책으로 출간되면서 나치가 유대인들에게 저지른 일들이 많은 사람에게 알려졌지. 안네의 식구들이 피신하여 살던 집은 안네 프랑크의 기념관이 되었고, 이곳에서 안네가 머물던 다락방과 안네의 일기나 사진을 볼 수 있어.

유대인 학살 추모 공원

제2차 세계 대전이 벌어지던 당시 나치에 의해 죽은 유대인들의 수는 600만 명이 넘는다고 해. 강제 수용소로 보내지는 과정에서 죽기도 하고, 강제 수용소에서 힘든 일을 하다가 죽기도 했지. 심지어 독가스실에 유대인을 들여보내기도 했대. 나치가 저지른 일들을 반성하고 유대인들을 추모하기 위한 추모 공원이 2005년 독일 베를린에 지어졌어. 공원에는 저마다 다른 높이의 콘크리트 비석 2711개가 세워져 있지.

유대인 학살 추모 공원

나의 첫 역사 클릭!

전쟁과 과학자

독일의 과학자 프리츠 하버는 공기 중에 있는 질소와 수소를 이용해서
암모니아를 만드는 일을 성공시킨 사람이야. 암모니아로 만든 화학 비료 덕분에
땅에서 얻을 수 있는 식량의 양이 늘어났지. 늘어난 식량으로 더 많은 사람들을
먹여 살릴 수 있게 되면서 전 세계적으로 인구가 증가했다고 해.
하지만 하버는 암모니아만 만들어 낸 게 아니야. 소금을 분해해서 나온 염소로
독성이 있는 가스를 만들었는데, 염소 가스는 사람의 폐에 들어가서
사람들을 고통스럽게 죽이는 독가스였지. 제1차 세계 대전이 벌어지던 1915년,
벨기에의 이프르에 있던 프랑스군의 참호 속으로 이 독가스가 흩뿌려졌어.
독가스를 마신 프랑스 군인 5000여 명이 죽었고, 살아남은 군인들도 큰 고통을 받았지.
이후, 영국과 프랑스도 독가스를 개발해 전쟁에 사용하게 되면서 그 피해는 더욱 커졌어.
독가스를 막기 위한 방독면이 만들어졌지만,
방독면을 뚫을 수 있는 더 치명적인 독가스가 개발되기도 했지.
하버는 사람들을 살린 과학자일까? 죽인 과학자일까?

제1차 세계 대전 당시 방독면을 착용한 군인의 모습

제2차 세계 대전이 시작될 무렵, 독일에서 핵무기를 만든다는 소식이 전해지자
미국은 독일보다 먼저 핵무기를 만들겠다는 계획을 세우게 돼. 바로 '맨해튼 계획'이었지.
미국의 과학자뿐만 아니라, 나치를 피해 미국에 와 있던 유럽의 과학자들이나
같은 편이었던 영국과 캐나다의 과학자들도 맨해튼 계획에 참여하게 되었어.

최초의 핵무기 실험인
트리니티 실험으로 생긴 버섯구름

1945년 트리니티 실험 현장을
다시 찾은 로버트 오펜하이머(왼쪽)

실력 있는 과학자들이 한자리에 모인 맨해튼 계획의 책임자로 임명된 사람은
미국의 과학자 로버트 오펜하이머였어. 몇 년간의 연구와 실험을 거듭한 끝에
1945년 7월 16일, 원자 폭탄의 폭발 실험이 이루어졌고 결과는 성공이었어.
그리고 20일쯤 뒤인 8월 6일에 미국은 일본의 히로시마에 원자 폭탄을 떨어뜨리게 돼.
히로시마에서 수만 명의 사람들이 순식간에 목숨을 잃었고,
10만 명이 넘는 사람들이 화상이나 여러 질병으로 죽어 갔어.
오펜하이머를 비롯해 원자 폭탄을 개발한 과학자들은 이제 깊은 상심에 빠지게 되었지.
과학자들은 전쟁을 끝낸 것일까? 더 큰 전쟁을 가능하게 만든 것일까?

글 박혜정

성균관대학교 역사교육과에서 공부했습니다. 중학교에서 역사를 가르치며 학생들과 세계사의 재미를 나누고 있습니다. 두 아이의 엄마로, 아이를 무릎에 앉혀 놓고 그림책을 읽어 주던 때가 인생에서 빛나던 시절 중 하나라 여기고 있습니다.

그림 박재현

서울과학기술대학교에서 시각디자인을 전공했습니다. 다양한 기법으로 어린이책에 그림을 그리고 있으며, 대한산업미술가협회상, 서울일러스트레이터협회상 등을 수상했습니다. 그린 책으로 《투발루에게 수영을 가르칠 걸 그랬어!》, 《꼬물꼬물 세균대왕 미생물이 지구를 지켜요》, 《510원의 깜짝 세계 여행》 등이 있습니다.

나의 첫 세계사 17 — 세계를 휩쓴 전쟁 세계 대전

1판 1쇄 발행일 2023년 11월 27일

글 박혜정 | **그림** 박재현 | **발행인** 김학원 | **편집** 박현혜 | **디자인** 박인규

저자·독자 서비스 humanist@humanistbooks.com | **용지** 화인페이퍼 | **인쇄** 삼조인쇄 | **제본** 다인바인텍

발행처 휴먼어린이 | **출판등록** 제313-2006-000161호(2006년 7월 31일) | **주소** (03991) 서울시 마포구 동교로23길 76(연남동)

전화 02-335-4422 | **팩스** 02-334-3427 | **홈페이지** www.humanistbooks.com

사진 출처 안네 프랑크의 집 외부 ⓒdronepicr / Wikimedia Commons / CC BY-SA 2.0

글 ⓒ 박혜정, 2023   그림 ⓒ 박재현, 2023
ISBN 978-89-6591-539-3 74900
ISBN 978-89-6591-460-0 74900(세트)

- 이 책은 저작권법에 따라 보호받는 저작물이므로 무단 전재와 무단 복제를 금합니다.
- 이 책의 전부 또는 일부를 이용하려면 반드시 저작권자와 휴먼어린이 출판사의 동의를 받아야 합니다.
- **사용연령 6세 이상** 종이에 베이거나 긁히지 않도록 조심하세요. 책 모서리가 날카로우니 던지거나 떨어뜨리지 마세요.